AF457428

Decembre 1705.

RECUEIL

CONTENANT

L'EDIT DE CREATION

DES CONSEILLERS DU ROY AGENS de Banque, Change, Commerce & Finance de Paris :

L'ARREST FAISANT DE'FENSES à tous Agens de Change ſupprimez, Caiſſiers, Banquiers non Marchands, & autres, de s'immiſcer dans les fonctions de leurs Offices :

LES STATUTS ET LETTRES DE CONFIRMATION des Agens, enregiſtrées en Parlement.

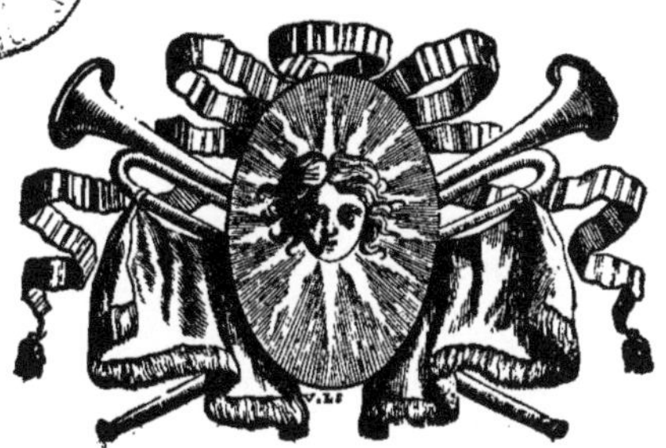

A PARIS,
De l'Imprimerie de FREDERIC LEONARD, ſeul Imprimeur ordinaire du Roy pour la Guerre, les Finances & la Monoye, & de la Ville.

M. DCCVII.
AVEC PRIVILEGE DE SA MAJESTE'.

EDIT DU ROY,

PORTANT suppression des anciens Offices de Courtiers de Change, Agens de Change, de Banque & Marchandises, à la reserve de ceux établis dans les Villes de Marseille & de Bordeaux : Et création d'autres Offices de Conseillers de Sa Majesté, Agens de Change, Banque, Commerce & Finances dans les principales Villes de Commerce du Royaume.

Donné à Versailles au mois de Decembre 1705.

Registré en Parlement.

LOUIS PAR LA GRACE DE DIEU, ROY DE FRANCE ET DE NAVARRE: A tous presens & à venir, SALUT. Les secours que les Agens de Change, de Banque & Marchandises ont procuré pendant le cours des dernieres Guerres & de la presente, aux Tresoriers, aux Entrepreneurs des

Vivres, des Etapes & autres, & aux Particuliers chargez du recouvrement de nos deniers, & interessez dans nos Affaires, en leur faisant prester les sommes dont ils ont eu besoin pour satisfaire à leurs engagemens envers Nous & le Public, & les facilitez que lesdits Agens de Change ont fait trouver dans le Commerce entre les Banquiers, les Marchands & Negocians, leur ont attiré une confiance si entiere, que les negociations les plus importantes passent presentement par leurs mains. Et comme les Offices d'Agens de Change presentement établis sont d'un prix tres-modique, que plusieurs Particuliers sans bien & sans credit s'efforcent tous les jours d'y entrer, ce qui pourroit par la suite diminuer la confiance du Public, & faire un tort préjudiciable aux affaires de Finances & du Commerce; Nous avons resolu de supprimer tous lesdits Offices dans l'étenduë de nostre Royaume, & d'en créer & établir d'autres plus considerables dans les principales Villes de Commerce, soit qu'il y en ait eu de créez ou non, leur attribuer des gages proportionnez à la finance, les confirmer dans les droits dont ils jouissent presentement, & y ajoûter des honneurs & prérogatives qui engagent des Personnes distinguées par leur état & leur probité d'en acquerir. A CES CAUSES & autres à ce Nous mouvans, de nostre certaine science, pleine puissance & autorité Royale :

Suppression des anciens Offices de Courtiers & Agens de Change.

NOUS avons par le present Edit perpetuel & irrevocable éteint & supprimé, éteignons & supprimons tous les Offices de Courtiers de Change, Agens de Change, de Banque & Marchandises, créez dans l'étenduë de nostre Royaume, sous quelque titre que ce soit, soit qu'ils ayent esté levez par des Particuliers, ou qu'ils ayent esté réunis à des Corps de Villes ou Communautez, à la reserve de ceux établis dans les Villes de Marseille & de Bordeaux; ausquels Courtiers & Agens de Change supprimez, Nous défendons tres-expressément d'en faire à l'avenir aucune fonction à commencer du jour de l'enregistrement qui sera fait du present Edit, à peine de trois mille livres d'amende pour la premiere fois, & de plus grande peine en cas de récidive.

Liquidation des Offices supprimez.

VOULONS que les Pourvûs ou Proprietaires desdits Offices remettent incessamment entre les mains du Sieur Chamillart, Conseiller en nostre Conseil Royal, Controlleur General de nos Finances, leurs Quittances de Finance, Lettres de Provisions, Contrats d'acquisition & autres Titres de proprieté, pour estre incessamment procedé à la liquidation & remboursement desdits Offices.

Création de cent seize Agens de Banque, Change, Commerce & Finances.

ET de la même autorité que dessus, Nous avons créé & établi, créons & établissons en titre d'Office formé cent seize nos Conseillers Agens de Banque, Change, Commerce & Finances; sçavoir vingt en nostre bonne Ville de Paris, vingt en la Ville de Lyon, six à la Rochelle, six à Montpellier, cinq à Aix, cinq à Strasbourg, cinq à Mets, dix à Rouen, huit à Nantes, quatre à Tours, quatre à Saint-

Malo, quatre à Dijon, quatre à Bayonne, deux à Toulouſe, deux à Dieppe, un au Havre-de-Grace, un à Calais, deux à Dunkerque, deux à Rochefort, deux à Rennes, deux à Breſt, & un au Port-Louis.

Reception desdits Officiers.

VOULONS que leſdits Officiers ſoient reçûs pardevant les Prevoſts, Lieutenans, Baillifs, Sénéchaux ou leurs Lieutenans en la maniere accoûtumée, à la reſerve de ceux de Lyon, qui ſeront reçûs pardevant les Prevoſt des Marchands & Eſchevins de ladite Ville de Lyon, conformément à l'Edit du mois d'Aouſt 1692.

Attribution de gages au Denier vingt de leur finance.

AUSQUELS Offices créez par le preſent Edit, Nous avons attribué & attribuons des gages effectifs au Denier vingt, ſur le pied de la finance qui ſera reglée par les Rolles que Nous ferons arreſter en noſtre Conſeil, deſquels gages le fonds ſera fait annuellement dans les Etats de nos Finances, pour en jouir par leſdits Acquereurs ſans qu'ils puiſſent eſtre retranchez ou diminuez pour quelque cauſe & occaſion que ce ſoit.

Attribution de cinquante ſols par mille livres pour leur droit de negociation en Argent ou Billets & Lettres de Change; comme auſſi de ce qu'ils devront avoir pour negociations de Marchandiſes.

JOUIRONT leſdits Officiers pour les negociations qu'ils feront en deniers comptans, Billets & Lettres de Change, de cinquante ſols par mille livres, payables ; ſçavoir vingt-cinq ſols par le Préteur, & vingt-cinq ſols par l'Emprunteur. Et à l'égard des negociations pour fait de Marchandiſes, ils ſeront payez, ſçavoir dans noſtre bonne Ville de Paris ſur le pied de demy pour cent de la valeur des Marchandiſes ; & dans les autres Villes de Commerce où ils ſeront établis, des mêmes droits dont joüissent presentement les Courtiers & Agens de Change, de Banque & Marchandises, supprimez par le present Edit.

Permission de tenir un Bureau ouvert & une Caisse chez eux pour la facilité des negociations.

PERMETTONS ausdits Agens de Banque, de Change, Commerce & Finances pour la commodité de ceux qui auront des negociations à faire de leur fait, de tenir un Bureau ouvert & une Caisse chez eux, nonobstant ce qui est porté dans les Art. I. & II. du Tit. II. de nostre Edit du mois de Mars 1673. servant de Reglement pour le Commerce des Negocians & Marchands, ausquels Nous avons dérogé & dérogeons à cet égard.

Cotteront les Billets & Lettres de Change en certifiant les signatures veritables.

VOULONS que toutes les Lettres de Change & Billets qu'ils negocieront soient cottez d'eux, & qu'ils en certifient les signatures veritables.

NOUS défendons à toutes sortes de personnes de s'immiscer dans les fonctions des Agens de Change, soit pour les negociations d'argent ou de Marchandises, à peine de quatre mille livres d'amende applicable à l'Hôpital General, & de plus grande peine en cas de récidive. Et comme Nous avons esté informez que plusieurs de nos Fermiers, Traitans, Gens d'Affaires, leurs Caissiers & autres, sous pretexte qu'ils ont interest ou se mêlent desdites Affaires, se chargent de faire lesdites negociations des Billets, des sommes que lesdites Compagnies déliberent d'emprunter, & qu'ils le font indépendamment desdits Agens de Change, en vûë de profiter du droit qui n'est dû qu'à eux; que même il s'est glissé souvent dans le Commerce des Billets signez de gens inconnus ou ſuppoſez pour augmenter le nombre des ſignatures, au grand préjudice de ceux qui ont eu la facilité d'en donner la valeur, & qu'on ne peut remedier à un abus ſi contraire à l'intereſt public, qu'en faiſant aſſurer que toutes leſdites ſignatures deſdits Billets ſont veritables & de gens intereſſez dans les affaires : Nous voulons que tous Billets d'emprunts faits en commun par leſdites Compagnies ſoient negociez par l'entremiſe deſdits Agens de Change, & cottez de la main d'un d'iceux qui certifie les ſignatures veritables, faute de quoy Nous défendons à tous Juges de donner des condamnations en cas de défaut de payement à l'échéance deſdits Billets contre ceux qui les auront ſignez. N'entendons néanmoins aſſujettir aucuns de nos Treſoriers chargez de quelques maniemens que ce ſoit dans noſtre Royaume, de ſe ſervir de l'entremiſe deſdits Agens de Change pour les emprunts qu'ils ſont obligez de faire pour ſoutenir leurs payemens, ni les Receveurs Generaux de nos Finances, Treſoriers de nos Pays d'Etats & autres Treſoriers ou Receveurs chargez de recettes, pour leſquelles ils ſont obligez de nous faire des preſts & avances, quand bien même pour aider à leur credit ils ſe ſerviroient de quelques autres perſonnes pour ſigner ou endoſſer leurs Billets d'emprunts; ſans que pour raiſon deſdits emprunts leſdits Treſoriers, Receveurs & autres qui pourroient ſigner avec eux, payent aucuns droits à ceux qui leur preſteront, ni que les preſteurs en puiſſent exiger ſous quelque pretexte que

Quels Billets feront ſujets à la cotte ou certification des Agens de Change.

que ce puisse estre ; lesquels droits ne pourront estre reçûs que par les Agens de Change dans les negociations où leur ministere sera necessaire. Voulons que ceux qui sans estre Agens de Change exigeront lesdits droits soient condamnez en six mille livres d'amende, dont le tiers sera appliqué à l'Hôpital General, & le surplus à la Communauté desdits Agens de Change, sauf à eux d'en faire part au dénonciateur.

Défenses à autres qu'aux Agens de Change, de se faire payer leur droit.

Et pour marquer l'estime que Nous faisons du titre des Charges & fonctions desdits Agens de Banque, de Change, de Commerce & Finances, qui doivent contribuer à soutenir nos Finances & faire fleurir le Commerce, Nous avons declaré & declarons qu'ils ne dérogent point à Noblesse, & en consequence avons permis & permettons à ceux qui seront pourvûs de ces Offices de posseder conjointement des Charges de nos Conseillers-Secretaires, sçavoir ceux dont la finance des Offices sera de trente mille livres & au dessus, dans nostre grande Chancellerie ; & ceux dont la finance sera au dessous de trente mille livres, dans les Chancelleries établies prés nos Cours Superieures & autres, & d'en faire les fonctions sans avoir besoin d'Arrest ni de Lettres de compatibilité. Et afin de leur donner encore des marques de distinction & de confiance particuliere, Nous voulons qu'il soit choisi par le Controlleur General de nos Finances un d'entre eux qui aura entrée & voix consultative dans les Chambres du Commerce des Villes où il y en a d'établies, & joüi-

Ne derogeront point à Noblesse, & pourront posseder des Charges de Secretaires du Roy sans incompatibilité.

Il sera choisi un d'entre eux dans les Villes où ils seront établis pour avoir entrée aux Châbres du Commerce.

ra des mêmes honneurs & privileges dont jouissent les autres Particuliers qui composent lesdites Chambres du Commerce.

Attribution de francsalé.

AVONS accordé & accordons deux Minots de francsalé ausdits Officiers nouvellement créez pour nostre bonne Ville de Paris, & chacun un Minot pour ceux des autres Villes, à prendre chacun dans les Greniers à Sel des Villes où ils seront établis, dont il sera tenu compte à l'Adjudicataire de nos Gabelles.

Exemptions.

NOUS voulons que lesdits Agens de Change, Banque & Marchandises, soient exempts de Taille, Ustensile & autres Charges, de Tutelle, Curatelle, de nomination de Charges publiques, & de logement de Gens de Guerre, & jouissent de tous les autres droits & privileges qui ont esté accordez cy-devant aux anciens Offices d'Agens de Change, Banque, Finance & Marchandises, ausquels n'est point dérogé par le present Edit.

Ne seront sujets à aucunes taxes pour raison desdits Offices.

VOULONS que ceux qui acquerront lesdits Offices d'Agens de Banque, Change & Marchandises, ne soient sujets à aucunes taxes de quelque maniere que ce puisse estre pour raison desdits Offices, pas même à acquerir des Augmentations de Gages dont Nous les avons dispensez & dispensons, & qu'ils jouissent de la faculté de disposer desdits Offices en survivant quarante jours aprés leurs resignations admises, ensemble de la dispense de quarante jours pendant neuf années qui commenceront au premier de Janvier prochain, en payant seulement le Droit An-

Jouiront de la faculté de disposer de leurs Offices en payant le Droit Annuel.

nuel sur le pied des évaluations qui en seront arrêtées & fixées en nostre Conseil., sans qu'ils soient tenus de payer aucun Prest pendant lesdites neuf années, ni l'Annuel pendant celle dans laquelle ils seront pourvûs, dont Nous les avons déchargez & déchargeons par nostre present Edit, sans que leur décés arrivant pendant ledit temps, les Offices puissent estre reputez vacans.

VOULONS que ceux qui presteront leurs deniers pour l'acquisition desdits Offices, ayent privilege & hypoteque speciale sur iceux, par preference à tous autres Creanciers ; & qu'à cet effet les declarations de ceux qui auront presté leurs deniers, soient inserées dans les Quittances de Finance qui seront expediées par le Tresorier de nos Revenus Casuels.

Privilege des Presteurs pour l'acquisition desdits Offices.

LES droits du Sceau des Provisions & Marc d'Or seront reglez sur le pied des moderations portées par les Tarifs des mois d'Avril & Octobre 1704. & voulons qu'il ne soit pris pour les droits du Garde des Rolles & reception, que le tiers des droits ordinaires, & ce pour les premiers pourvûs seulement.

Moderation des droits de Marc d'Or & du Sceau des Provisions.

SI DONNONS EN MANDEMENT à nos amez & feaux Conseillers les Gens tenans nôtre Cour de Parlement & Cour des Aides à Paris, que nostre present Edit ils ayent à faire lire, publier & registrer, & le contenu en iceluy faire executer de point en point selon sa forme & teneur, sans permettre qu'il y soit contrevenu en quelque sorte & maniere que ce soit, nonobstant tous Edits, Declarations, Reglemens & autres choses à ce contraires, ausquels Nous avons dérogé & dérogeons par le présent Edit : CAR TEL EST NOSTRE PLAISIR. Et afin que ce soit chose ferme & stable à toûjours, Nous y avons fait mettre nostre Scel. Donné à Versailles au mois de Decembre l'an de grace mil sept cens cinq, & de nostre Regne le soixante-troisiéme. Signé, LOUIS. Visa, PHELYPEAUX. Et plus bas : Par le Roy, CHAMILLART. Vû au Conseil, CHAMILLART. Et scellé du grand Sceau de cire verte.

Registrées, Ouy & ce requerant le Procureur General du Roy, pour estre executées selon leur forme & teneur, & copies collationnées envoyées dans les Sieges, Bailliages & Sénéchaussées du Ressort, pour y estre pareillement lûës, publiées & registrées : Enjoint aux Substituts du Procureur General du Roy d'y tenir la main, & d'en certifier la Cour dans un mois, suivant l'Arrest de ce jour. A Paris en Parlement le 30. Decembre 1705. Signé, DONGOIS.

ARREST
DU CONSEIL D'ESTAT DU ROY,

PORTANT défenses à tous Agens de Change supprimez, Facteurs, Caissiers, Commis, Commissionnaires & Banquiers non Marchands à Paris, de proposer, traiter ni conclure aucunes negociations, ni d'agir au fait de Banque, Change, Commerce & Finance, pour le compte d'autruy ni pour leur compte particulier dans Paris, sinon par l'entremise des Conseillers du Roy, Agens de Banque, Change, Commerce & Finance, créez par Edit du mois de Decembre 1705.

Du 10. Avril 1706.

Extrait des Registres du Conseil d'Etat.

LE ROY estant informé qu'au préjudice des défenses faites à toutes personnes de s'immiscer dans les fonctions de Conseillers de Sa Majesté, Agens de Banque, Change, Commerce & Finance, aux peines portées par l'Edit de leur création du mois de Decembre 1705. plusieurs Agens de Change supprimez, Caissiers, Facteurs, Commis, Commissionnaires & Banquiers non Marchands à Paris, sous pretexte qu'ils negocient pour leur compte, ne laissent pas de faire lesdites fonctions journellement & concurremment avec les nouveaux Agens; ce qui est contraire à la sûreté publique & à l'établissement desdits nouveaux Agens de Change. A quoy estant necessaire de pourvoir; Ouy le Rapport du Sieur

Chamillart, Conſeiller ordinaire au Conſeil Royal, Controlleur General des Finances : SA MAJESTE EN SON CONSEIL a ordonné & ordonne que ledit Edit ſera executé ſelon ſa forme & teneur, & en conſequence fait tres-expreſſes inhibitions & défenſes à tous Agens de Change ſupprimez, Facteurs, Caiſſiers, Commis, Commiſſionnaires & Banquiers non Marchands à Paris, de propoſer, traiter ni conclure aucunes negociations, ni d'agir au fait de Banque, Change, Commerce & Finances, pour le compte d'autruy ni pour leur compte particulier dans Paris, ſinon par l'entremiſe deſdits nouveaux Agens, pour quelque cauſe & ſous quelque pretexte que ce ſoit, directement ni indirectement, à peine de ſix mille livres d'amende payables tant par les contrevenans que par ceux qui les auront negociez avec eux, ou qui ſe feront chargez de quelques propoſitions ſur le même fait, applicable un tiers à l'Hôpital General, & le ſurplus au Corps deſdits nouveaux Agens, ſauf à eux d'en faire part aux Dénonciateurs. Fait au Conſeil d'Etat du Roy tenu à Verſailles le dixiéme jour d'Avril mil ſept cens ſix. Collationné. Signé, DU JARDIN.

Collationné à l'Original par Nous Conſeiller-Secretaire du Roy, Maiſon, Couronne de France & de ſes Finances.

STATUTS ET REGLEMENS

POUR LES CONSEILLERS DU ROY Agens de Banque, Change, Commerce & Finance de la Ville de Paris, créez par Edit du mois de Decembre 1705.

ARTICLE PREMIER.

LES Conseillers du Roy Agens de Banque, Change, Commerce & Finance de la Ville de Paris, pour s'aquitter dignement des fonctions de leurs Offices, & pour entretenir entre eux l'union & l'amitié fraternelle, feront celebrer le premier jour ouvrable de chacune année à huit heures une Messe solennelle du Saint-Esprit en l'Eglise des Peres de la Doctrine ruë Saint-Martin; & lorsque quelqu'un d'entre eux viendra à deceder, ils feront celebrer une Messe de *Requiem* en la même Eglise aux jours & heures marquez par le Syndic, qui en fera avertir les Officiers survivans: & ceux qui n'y assisteront pas sans cause legitime, seront tenus de payer six livres, applicables au pain des Prisonniers de la Conciergerie du Palais.

II.

IL sera élû entre eux tous les premiers jours d'Assemblée de chacune année à la pluralité des voix un Syndic & un Adjoint, pour pendant ladite année rediger, ſigner & expedier les déliberations, & faire generalement tout ce qui dépendra des fonctions de leurs Charges pour l'établiſſement & conſervation des intereſts de la Compagnie, conformément auſdits Edit, Arreſts & Reglemens ſur ce intervenans, ſans que les Syndic & Adjoint puiſſent rien innover ni conclure que de l'avis de la Compagnie aſſemblée.

III.

Le Syndic & à ſon défaut l'Adjoint convoquera la Compagnie tous les premiers Mardis, ſinon le premier jour ouvrable ſuivant de chacun mois à cinq heures d'aprés midy, & en outre pourra la convoquer aux jours & heures que beſoin ſera à la Place du Change au Palais où chacun ſe rendra ponctuellement, & où ſera délivré un Ecu monoye courante, dont la part des abſens accroiſtra aux preſens, à peine de ſix livres payables par les défaillans, applicables aux beſoins de la Compagnie.

IV.

Ceux qui auront eſté élûs aux Charges de Syndic & Adjoint, ne pourront refuſer de les accepter ni exercer ſous pretexte d'ancienneté de reception des uns & des autres ou pour telles autres cauſes que ce puiſſe eſtre, à peine de cinq cens livres payables par les Contrevenans applicables aux beſoins de la Compagnie, & d'eſtre privez pour toûjours de toute entrée, voix déliberative & diſtribution en ladite Compagnie.

Ne

V.

Ne pourront lesdits Conseillers du Roy Agens prester leurs noms à telles personnes que ce puisse estre pour faire les fonctions desdits Offices directement ni indirectement, à peine de quinze cens livres applicables comme dessus ; mais pourront avoir des Commis pour tenir leurs Caisses & Ecritures autant que besoin sera.

VI.

Ceux qui auront fait faillite, Contrat d'attermoyement ou obtenu Lettres de repit, ne pourront estre admis ausdits Offices, conformément à l'Art. III. du Titre II. de l'Edit de Mars 1673. & si en estant pourvûs pareilles fautes leur arrivent, ils seront tenus de s'en départir dans trois mois, sans pouvoir s'y maintenir pour quelque cause & sous quelque pretexte que ce soit.

VII.

Lorsqu'il s'agira de recevoir quelqu'un en l'un desdits Offices, le Syndic & à son défaut l'Adjoint convoquera la Compagnie huit jours auparavant l'Assemblée ordinaire ou extraordinaire, & le Recipiendaire sera tenu de visiter lesdits Agens afin de s'en faire connoistre & d'avoir le temps de s'informer s'il a les qualitez requises; & à l'Assemblée il sera passé déliberation des causes de refus s'il s'en trouve, sinon de sa reception, en consequence de laquelle le Recipiendaire sera tenu de payer entre les mains du Syndic la somme de mille livres pour subvenir aux besoins de la Compagnie ; quoy faisant le Syndic mettra au bas de la Requeste : N'empêche que le Recipiendaire ne soit reçû ; & sur la Sentence qui en interviendra, il sera admis en icelle sans difficulté.

VIII.

Attendu que le secret est absolument necessaire dans les negociations de Banque, Change, Commerce & Finance, qu'elles se consomment la plusspart en Ville sur des Carnets ou Portatifs qu'il n'est pas possible de tenir dans une forme reguliere, & que souvent plusieurs Agens se presentent confusément pour faire des negociations, il a esté convenu que le secret des negociations ne pourra estre revelé ; que la representation ou communication des Registres ne pourra estre accordée pour quelque cause & sous quelque pretexte que ce soit, conformément à l'Article IX. du Titre III. de l'Edit du mois de Mars 1673. Mais s'il arrive quelque contestation sur quelque negociation, que l'Extrait de l'Article en question affirmé veritable en pourra estre délivré dans la forme qu'il se trouvera par l'Agent qui en sera requis, à qui par Justice sera ordonné, pour valoir & servir ce que de raison, & qu'un Agent engagé dans quelque negociation ne pourra estre interrompu par aucun autre intervenant, à peine de cinquante livres payables par le Contrevenant au profit du Plaignant.

IX.

L'usage d'aucuns Banquiers estant de ne payer les droits des Agens de Change que de temps en temps, & celuy des Tresoriers Traitans & Gens d'Affaires de les payer en consommant les negociations; pour prevenir les contestations qui pourroient naistre pour raison de ce, il a esté convenu qu'ils seront payez lorsque les negociations seront consommées, sans qu'il en puisse estre pretendu aucune moderation, justification de Registre ni autrement; mais si pour quelque consideration les droits n'étoient point employez dans les Comptes desdites negociations, en cas de contestations le serment en sera déferé à ceux contre lesquels ils seront pretendus.

X.

S'IL arrive quelques contestations entre lesdits Conseillers du Roy Agens sur le fait, exercice & fonctions de leurs Offices, elles seront communiquées au Syndic, lequel mandera les Parties aux Assemblées ordinaires ou extraordinaires afin de terminer leurs differends à l'amiable; & en cas qu'aucunes des Parties ne consentent pas à ce qui aura esté arbitré par la Compagnie ou ne se rendent pas à l'Assemblée, la Compagnie en déliberera & donnera son avis, dont elle demandera l'homologation devant Monsieur le Lieutenant Civil, pour servir & valoir ce que de raison.

XI.

IL sera tenu un Registre pour les déliberations de la Compagnie, & un autre pour l'enregistrement de l'Edit, Arrests & Reglemens sur ce intervenans, Lettres de Provisions & Sentences de reception de chacun des pourvûs ausdits Offices, lesquels Regiſtres & autres Pieces concernant l'ancienne Compagnie & la preſente, ſeront mis dans un coffre qui reſtera dans le Bureau, & dont la clef demeurera és mains du Syndic pour les repreſenter quand beſoin ſera.

XII.

CHACUN Syndic ſortant de Charge ſera tenu de preſenter ſon Compte de recette & dépenſe trois mois aprés ſon année d'exercice ſur le Bureau à l'Aſſemblée ordinaire, auquel jour ſeront nommées deux perſonnes de la Compagnie pour l'examiner & en faire leur rapport à l'Aſſemblée ſuivante. Ce qui ſe trouvera dépenſé pour le bien & l'utilité de la Compagnie, ſera alloué ſans difficulté, & ce dont le Syndic ſe trouvera redevable, ſera par luy payé au Syndic entrant en Charge; & en cas qu'il ſoit dû au Syndic ſortant, la Compagnie luy en fera le rembourſement.

XIII.

TOUT ce qui ſera déliberé concernant l'exercice & fonctions deſdits Offices à la pluralité des voix de l'Aſſemblée, compoſée au moins des trois quarts des pourvûs auſdits Offices, qui ne ſera point contraire aux Edits, Arreſts & Reglemens, ſera executé ſelon ſa forme & teneur, à peine de cinquante livres payables par les Contrevenans, applicables comme deſſus.

XIV.

SERONT les preſens Articles ſervans de Reglement lûs à toutes les Aſſemblées qui ſe tiendront pour l'élection des Syndic & Adjoint, aufquels eft enjoint de tenir la main à leur execution, aprés qu'il aura plû au Roy les approuver & confirmer par fes Lettres Patentes.

LES Articles cy-deffus au nombre de quatorze ont efté dreffez par Nous Confeillers du Roy Agens de Banque, Change, Commerce & Finance, créez par Edit du mois de Decembre 1705. en confequence de la Déliberation paffée entre nous le premier Juin mil fept cens fix, afin de former Corps, établir un ordre dans les fonctions defdits Offices & pour le bien du Commerce, conformément audit Edit, Arreft du Confeil du dix Avril mil fept cens fix & autres Arrefts, Ordonnances & Reglemens. Et afin qu'ils foient executez fans qu'il y foit contrevenu, Nous fupplions tres-humblement Sa Majefté de nous en accorder la confirmation par Lettres fur ce neceffaires. Et ont figné lefdits Confeillers du Roy, Agens cy-aprés nommez fuivant l'ordre de leur reception.

NOMS ET SURNOMS DES CONSEILLERS DU ROY, Agens de Change, fuivant l'ordre de leur reception.

LOUIS ROLLAND.	JACQUES AVRIL.
JEAN NEREAU.	PIERRE SOLIER.
MICHEL LEGRAS.	PIERRE GUILLARD.
ESTIENNE CORNETTE.	NICOLAS FERLET.
BERNARD RAUCOULES.	SAMUEL MARTIN.

LETTRES PATENTES

POUR LA CONFIRMATION des Statuts des Conseillers du Roy Agens de Banque, Change, Commerce & Finance à Paris, créez par Edit du mois de Decembre 1705.

Données à Versailles au mois d'Octobre 1706.

Registrées en Parlement.

LOUIS PAR LA GRACE DE DIEU, ROY DE FRANCE ET DE NAVARRE : A tous presens & à venir, SALUT. Nos chers & bien amez Conseillers Agens de Banque, Change, Commerce & Finance, créez par nostre Edit du mois de Decembre 1705. pour nostre bonne Ville de Paris, Nous auroient fait remontrer que pour former Corps & établir entre eux un ordre dans les fonctions de leurs Offices conforme à l'Edit de leur création au bien de nos Sujets, & pour empêcher les abus qui se pourroient commettre dans leur Compagnie, ils se seroient assemblez pour dresser des Articles en forme de Statuts pour leur servir de Reglemens, lesquels ils auroient la plupart tirez tant des Statuts des Agens de Change de Paris supprimez, que dudit Edit, Arrest de nostre Conseil du

10. Avril dernier, & autres Arrests, Ordonnances & Reglemens; & afin qu'ils soient executez sans qu'il y soit contrevenu, ils nous auroient tres-humblement fait supplier de leur accorder nos Lettres sur ce necessaires. A CES CAUSES & autres à ce Nous mouvans, de l'Avis de nostre Conseil qui a vû lesdits Statuts au nombre de quatorze Articles pour servir de Reglemens aux Exposans, ensemble l'Edit de création de leurs Offices, & ledit Arrest du 10. Avril dernier, le tout cy-attaché sous le Contre-scel de nostre Chancellerie, & de nostre grace speciale, pleine puissance & autorité Royale, Nous avons approuvé, confirmé & autorisé, & par ces Presentes signées de nostre main approuvons, confirmons & autorisons lesdits Statuts. Voulons qu'ils soient gardez, observez & executez par les Exposans, leurs Successeurs ausdits Offices & tous autres, selon leur forme & teneur, sans qu'il y soit contrevenu en quelque sorte & maniere que ce soit. SI DONNONS EN MANDEMENT à nos amez & feaux Conseillers les Gens tenans nostre Cour de Parlement de Paris, Prevost de Paris ou son Lieutenant Civil, & autres nos Justiciers & Officiers qu'il appartiendra, que ces Presentes ils fassent enregistrer, & du contenu en icelles joüir & user les Exposans, leurs Successeurs & autres, pleinement, paisiblement & perpetuellement, cessant & faisant cesser tous troubles & empêchemens qui pourroient estre mis ou donnez, nonobstant tous Edits, Declarations, Reglemens, Arrests & autres choses à ce contraires, ausquels Nous

avons dérogé & dérogeons par cesdites Presentes ; CAR TEL EST NOSTRE PLAISIR. Et afin que ce soit chose ferme & stable à toûjours, Nous avons fait mettre nostre Scel à cesdites Presentes. Donné à Versailles au mois d'Octobre l'an de grace mil sept cens six, & de nostre Regne le soixante-quatriéme. Signé, LOUIS. Et sur le reply : Par le Roy, PHELYPEAUX. Visa, PHELYPEAUX. Vû au Conseil, CHAMILLART. Et scellé du grand Sceau de cire verte.

Registrées, Ouy le Procureur General du Roy, pour jouir par les Impetrans & ceux qui leur succederont ausdits Offices, de leur effet & contenu, & estre executées selon leur forme & teneur, suivant l'Arrest de ce jour. A Paris en Parlement, le 3. Fevrier 1707. Signé, DU TILLET.

EXTRAIT DES REGISTRES de Parlement.

VEU par la Cour les Lettres Patentes du Roy, données à Versailles au mois d'Octobre 1706. signées, LOUIS. & sur le reply, Par le Roy, PHELYPEAUX. & scellées du grand Sceau de cire jaune, obtenuës par Louis Rolland, Escuyer Conseiller-Secretaire du Roy, Syndic des Conseillers du Roy, Agens de Banque, Change, Commerce & Finances de cette Ville de Paris, Jean Nereau, Michel le Gras, Estienne Cornette & autres, tous Agens de Banque, Change, Commerce & Finances de la Ville de Paris ; par lesquelles & pour les causes y contenuës, ledit

ledit Seigneur Roy a approuvé & confirmé les Statuts faits par lesdits Impetrans, conformément à l'Edit du mois de Decembre 1705. portant création desdits Offices, contenans quatorze Articles, pour servir de Reglement entre eux, & empêcher les abus qui se pourroient commettre dans leur Compagnie. Veut ledit Seigneur qu'ils soient gardez, observez & executez par lesdits Impetrans, leurs successeurs ausdits Offices & tous autres, selon leur forme & teneur, sans qu'il y soit contrevenu en quelque sorte & maniere que ce soit, ainsi que plus au long le contiennent lesdites Lettres à la Cour adressantes: Requeste presentée par lesdits Impetrans à fin d'enregistrement d'icelles, Conclusions du Procureur General du Roy; Ouy le Rapport de Maistre Claude le Doulx Conseiller: Tout consideré, LA COUR avant proceder à l'enregistrement desdites Lettres, ordonne qu'elles seront communiquées, ensemble lesdits Statuts & Reglemens, au Lieutenant Civil & au Substitut du Procureur General du Roy au Chastelet de cette Ville de Paris, pour y donner leur avis; pour ce fait rapporté & communiqué au Procureur General du Roy, estre ordonné ce que de raison. Fait en Parlement le quatorze Decembre mil sept cens six. Collationné. Signé, DONGOIS.

JEAN LE CAMUS, Chevalier Conseiller du Roy en tous ses Conseils, Maistre des Requestes ordinaire de son Hostel, Lieutenant Civil de la Ville,

Prevosté & Vicomté de Paris ; & CLAUDE ROBERT, aussi Conseiller du Roy en ses Conseils, Procureur du Roy au Chastelet de Paris, premier Juge-Conservateur des Arts & Métiers, Maistrises & Jurandes de la même Ville, Prevosté & Vicomté : Vû par Nous les Lettres Patentes du Roy, signées, LOUIS. & sur le reply, Par le Roy, PHELYPEAUX. & scellées du grand Sceau de cire jaune, obtenuës par Louis Rolland, Ecuyer Conseiller-Secretaire du Roy, Syndic des Conseillers du Roy Agens de Banque, Change, Commerce & Finance de cette Ville de Paris, Jean Nereau, Michel le Gras, Estienne Cornette, & autres, tous Agens de Banque, Change, Commerce & Finance de la Ville de Paris ; par lesquelles & pour les causes y contenuës, Sa Majesté a approuvé & confirmé les Statuts faits par lesdits Impetrans, conformément à l'Edit du mois de Decembre mil sept cens cinq, portant création desdits Offices, contenans quatorze Articles, pour servir de Reglement entre eux & empêcher les abus qui se pourroient commettre dans la Compagnie. Veut Sa Majesté qu'ils soient gardez, observez & executez par lesdits Impetrans, leurs successeurs ausdits Offices & tous autres, selon leur forme & teneur, sans qu'il y soit contrevenu, ainsi que plus au long le contiennent lesdites Lettres à la Cour adressantes. Vû aussi lesdites Lettres, l'Arrest de la Cour du quatorze Decembre mil sept cens six, par lequel la Cour avant que de proceder à l'enregistrement desdites Lettres, a ordonné que lesdits Statuts & Reglemens Nous ſeroient communiquez pour y donner noſtre avis ; pour ce fait rapporté & communiqué à Monſieur le Procureur General, eſtre ordonné ce que de raiſon.

NOUS SOMMES D'AVIS, ſous le bon plaiſir de la Cour, que leſdits Statuts ne contiennent rien que de juſte & raiſonnable, & qu'ils peuvent ſervir à faire obſerver un bon ordre & une bonne diſcipline dans la Communauté des Officiers Agens de Change, & qu'ainſi la Cour peut leur en accorder l'enregiſtrement. Fait ce cinquiéme jour de Janvier mil ſept cens ſept. Signé, LE CAMUS & ROBERT, en la Minute.

GAUDION.

EXTRAIT DES REGISTRES de Parlement.

VEU par la Cour les Lettres Patentes du Roy données à Verſailles au mois d'Octobre mil ſept cens ſix, ſignées, LOUIS. & plus bas, Par le Roy, PHELYPEAUX. & ſcellées du grand Sceau de cire verte en lacs de ſoye, obtenuës par les Agens de Banque, Change, Commerce & Finance, créez par Edit du mois de Decembre 1705. pour cette Ville de Paris; par leſquelles, pour les cauſes y contenuës, le Seigneur Roy a approuvé, confirmé & autoriſé les Statuts qu'ils ont faits rediger au nombre de quatorze Articles. Veut qu'ils ſoient gardez, obſervez & executez par les Impetrans, leurs ſucceſſeurs auſdits Offices, & tous autres, selon leur forme & teneur, sans qu'il y soit contrevenu en quelque sorte & maniere que ce soit, ainsi que plus au long le contiennent lesdites Lettres à la Cour adressantes. Vû aussi lesdits Statuts attachez sous le Contrescel desdites Lettres, l'Arrest du 14. Decembre 1706. par lequel la Cour avant proceder à l'enregistrement desdites Lettres, a ordonné qu'elles seront communiquées, ensemble lesdits Statuts & Reglemens, au Lieutenant Civil & au Substitut du Procureur General du Roy au Chastelet de Paris, pour y donner leur Avis; pour ce fait raporté & communiqué au Procureur General du Roy, estre ordonné ce qui de raison: L'Avis dudit Lieutenant Civil & dudit Substitut du Procureur General du Roy au Chastelet du 5. Janvier 1707. & la Requeste presentée par lesdits Impetrans à fin d'enregistrement desdites Lettres, Conclusions du Procureur General du Roy, Ouy le Raport de Maistre Claude le Doulx, Conseiller: Tout consideré, LADITE COUR ordonne que lesdites Lettres & Statuts seront enregistrez au Greffe de ladite Cour, pour jouir par les Impetrans & leurs successeurs ausdits Offices, de leur effet & contenu, & estre executez selon leur forme & teneur. Fait en Parlement le troisiéme de Fevrier mil sept cens sept. Collationné. Signé, DU TILLET.

Collationné aux Originaux par Nous Conseiller Secretaire du Roy, Maison, Couronne de France & de ses Finances.

www.ingramcontent.com/pod-product-compliance
Ingram Content Group UK Ltd.
Pitfield, Milton Keynes, MK11 3LW, UK
UKHW020526180726
13839UKWH00005B/2344